Nur weil ich klein bin, bin ich doch nicht doof!

Mutmachgeschichten

erzählt von Franz und Christine Hübner
mit Bildern von Sabine Kraushaar

Lahn-Verlag, Limburg – Kevelaer

Schelleklopppen

Schelleklopppen

Britta und Katie standen auf dem Spielplatz am Sandkasten und schauten Michi zu, der eifrig Sandkuchen backte. Michi war vier Jahre alt. Britta passte nach der Schule manchmal auf ihn auf, um ihr Taschengeld aufzubessern. Da Michi sich gut allein beschäftigen konnte, konnte sich Britta beim Aufpassen immer mit ihren Freunden unterhalten.
Der Spielplatz war nämlich ihr Treffpunkt. Außer Katie waren noch Kai und Jens da. Jens war für die Unternehmungen zuständig, denn er hatte nichts als Dummheiten im Kopf. So wie heute.
Heute sagte Jens: »Kommt, Leute, hier ist es doch todlangweilig! Lasst uns mal wieder was anstellen! Wie wäre es mit Schellekloppen?«
»Was ist denn das?«, wollte Katie wissen.
Jens erklärte: »Wir klingeln an einer fremden Haustür und laufen weg. Dann verstecken wir uns in der Nähe und schauen zu, wie die Leute aus dem Haus kommen, niemanden sehen und ein dummes Gesicht machen.«
»Das ist doof«, sagte Britta, »und außerdem habe ich heute Michi dabei.«
»Du hast ja nur Angst, erwischt zu werden!«, meinte Kai abfällig.
Das konnte Britta natürlich nicht auf sich sitzen lassen. »Stimmt ja gar nicht!«, sagte sie empört.
Katie schlug vor: »Den Michi nehmen wir einfach an die Hand. Was soll da schon passieren?«
»Also gut, ich mache mit!«, beschloss Britta. Aber ihr war gar nicht wohl bei der Sache.

Zuerst klingelten sie an einem Hochhaus, doch niemand kam heraus. Nur die Sprechanlagen gingen an. Das war nicht sehr lustig.

Schließlich klingelten sie an einem hübschen Einfamilienhaus. Auf dem Türschild stand: Familie Maier. Jens klingelte Sturm, und alle rannten los.

Das heißt: Alle bis auf Michi. Michi war es leid, an der Hand hinter Britta hergeschleift zu werden. So riss er sich los und blieb einfach bei Maiers an der Haustür stehen. Da ging auch schon die Haustür auf. »Nanu, wer bist denn du?«, fragte eine junge Frau und schaute Michi erstaunt an.

Michi sah sich um. Die anderen Kinder waren nirgends zu sehen. Er brach in Tränen aus.

»Oje!«, sagte die junge Frau. »Am besten, du kommst erst mal ins Haus!«

Hinter der nächsten Ecke beobachtete Britta, wie sich die Haustür hinter Michi schloss. »Oh nein! Was mache ich denn jetzt?«, rief sie verzweifelt. »Was soll ich denn der Mutter von Michi sagen?«
Vor lauter Aufregung fing Britta an zu weinen.
Kai und Jens guckten betreten, aber Katie sagte energisch: »Da hilft nichts, wir müssen jetzt alle zusammen hingehen und Michi wieder rausholen!«
Kleinlaut gingen die vier Freunde zu dem Haus zurück. Gerade als Britta die Hand nach der Klingel ausstreckte, ging die Tür wieder auf.
»Ich glaube, der gehört zu euch!«, sagte die freundliche junge Frau und zog Michi hinter ihrem Rücken hervor. Der strahlte über das ganze Gesicht. In der Hand hielt er eine Tafel Schokolade, von der er genüsslich abbiss.
»Das Spiel ist toll, das können wir ruhig öfter spielen!«, meinte er zufrieden.
Britta setzte stotternd zur Entschuldigung an. »Wir ... wir wollten ...«
Frau Maier winkte ab. »Ist nicht so schlimm. Als Kind habe ich auch Schellekloppen gespielt!«
Britta fiel ein Stein vom Herzen. Das war ja noch einmal gut gegangen!
Michi stopfte den Rest Schokolade in den Mund und nahm Brittas Hand. »Spielen wir jetzt weiter Schellekloppen?«, fragte er erwartungsvoll.

Bastian hat eine schwierige Frage

So ein Mistwetter, dachte Bastian und schaute aus dem Fenster. Draußen fielen die Regentropfen wie weiße Bindfäden vom Himmel. Die Blätter der großen Kastanie im Hof der Nachbarn glitzerten und tanzten im Wind. Bastian beobachtete Bodo Lehmann, den Nachbarsjungen, der einen riesigen leuchtend-orangen Kürbis in die Garage trug und auf der Werkbank abstellte.
Was Bodo wohl mit dem Kürbis in der Garage vorhat?, überlegte Bastian. Und weil er es vor Neugier nicht mehr aushalten konnte, ging er aus seinem Zimmer und rannte die Treppe hinunter.
»Bastian, du kannst dir gleich ein Stück Kuchen holen kommen«, rief seine Mutter aus der Küche. Dann schüttete sie einen Becher Sahne in die Schüssel und schaltete den Mixer ein.
»Lass mich auch mal!«, rief Bastian.
»Was sagst du?«, rief Mutti mit lauter Stimme und versuchte den Lärm des Mixers zu übertönen.
»Lass mich auch mal mit dem Mixer«, rief Bastian und drängte sich neben Mutti.
»Besser nicht, sonst kann ich die ganze Küche putzen,« wimmelte ihn Mutti ab.
Immer dürfen die Erwachsenen das tun, was Spaß macht, dachte Bastian missmutig. Jetzt hatte er keine Lust mehr auf Kuchen! Er zog Anorak und Gummistiefel an und ging hinüber zu Lehmanns.
»Was machst du denn mit dem Kürbis?«, fragte er Bodo, der mit einem großen Messer an dem Gemüse herumhantierte.

»Das siehst du doch, ich mache ein Kürbisgesicht. Ich höhle ihn aus, und wenn er fertig ist stelle ich eine Kerze 'rein«, erklärte Bodo.

»Das sieht bestimmt lustig aus«, entgegnete Bastian. Er mochte Bodo, weil der ihn ernst nahm und ihm vieles genau erklärte, obwohl er so viel älter war als Bastian selbst.

Am liebsten hätte er Bodo beim Aushöhlen und Schnitzen geholfen. »Darf ich auch mal?«, fragte er.

»Du??«, sagte Bodo gedehnt. »Nein, lass mal, dafür bist du noch zu klein!«

»Was heißt klein, ich bin schon fünf!«, entrüstete sich Bastian.

Aber Bodo ließ sich nicht überreden. Er wollte nicht, dass Bastian ihm den Kürbis kaputtmachte.

Doofi!, dachte Bastian wütend und stampfte fest mit dem Gummistiefel in die Pfützen, als er über den Hof zurück nach Hause ging.

Seine Schwester düste mit dem Moped um die Ecke. Die brauche ich gar nicht zu fragen, ob ich mal mitfahren darf, dachte Bastian. Die sagt sowieso immer kleiner Piepmatz zu mir!

Er beschloss, wieder in die Küche zurück zu gehen und es doch einmal mit dem Zwetschgenkuchen zu probieren. Nachdem er ein großes Stück mit Sahne verdrückt hatte, ging es ihm tatsächlich auch schon viel besser.

»Mutti ...?«, fragte er.

»Ja, was ist?«

»Warum kommen die Menschen eigentlich als Kinder auf die Welt und nicht gleich als Erwachsene? Das wäre doch viel praktischer. Dann könnten wir gleich alles tun, was ihr auch macht.«

»Äh ...«, sagte Mutti verblüfft. »Das ist aber eine sehr schwierige Frage!« Sie begann ernsthaft zu überlegen.

Mittlerweile hatte es zu regnen aufgehört und Opa war vorbeigekommen, um die beiden zu fragen, ob sie Lust hätten, zum Äpfelpflücken mitzukommen.

»Klar!«, rief Bastian begeistert. Er zog seine Gummistiefel an und holte sich einen Eimer. Über holprige Feldwege fuhren sie alle zusammen zu Opas Schrebergarten.

Unterwegs stellte Bastian auch Opa seine schwierige Frage: »Opa, kannst du dir denken, warum die Menschen als Kinder auf die Welt kommen und nicht gleich als Erwachsene? Dann könnten sie doch schon all das tun, was die Erwachsenen machen.«

Opa kratzte sich am Kopf. »Das ist tatsächlich eine schwierige Frage«, gab er zu.

»Ich hab's!«, sagte Mutti, die ja auch lange genug Zeit gehabt hatte, über Bastians Frage nachzudenken. »Es liegt bestimmt daran, dass die Erwachsenen nichts mehr von den Kindern lernen könnten, wenn die auch gleich als Erwachsene auf die Welt kämen.«

Bastian staunte: »Was wollt ihr denn von uns lernen?«

»Das finde mal schön selbst heraus!«, antwortete Mutti vergnügt.

In der nächsten Zeit probierte Bastian einiges aus, um die Antwort zu finden.

Beim Apfelpflücken wollte er Opa zeigen, wie man die allerbesten Äpfel – nämlich die, die in den höchsten Zweigen hängen! – herunterholen kann, indem man sie mit anderen Äpfeln herunterwirft. Opa aber schüttelte den Kopf. Statt bei Bastians Zielwerfen mitzumachen, holte er eine lange Stange hinter dem Gartenhäuschen hervor und klopfte damit einfach an die hohen Zweige. Plumps, plumps, fielen die Äpfel herab.

Also, das ist es nicht, was die Erwachsenen von uns Kindern lernen wollen, dachte Bastian.

Mit zwei Säcken Äpfeln als Ausbeute machten sich Opa, Mutti und Bastian schließlich auf den Heimweg. Zu Hause fragte Bastian seine große Schwester, ob er ihr einmal zeigen sollte, wie der Bärentanz ging, den sie im

Kindergarten gelernt hatten. Aber die lachte ihn nur aus. Das ist es also auch nicht, dachte Bastian.
Als Nächstes versuchte er bei Bodo sein Glück. Aber Bodo hatte kein Interesse daran, von Bastian zu lernen, wie man mit zwei Äpfeln jongliert. »Das mach ich doch glatt mit drei Äpfeln, aber ich hab jetzt keine Zeit«, wimmelte er ihn ab.
Kein Bärentanz, kein Apfeljonglieren, überlegte Bastian. Was wollen die Erwachsenen schon von uns Kindern lernen? Die wissen doch sowieso immer alles besser! Missmutig ging er nach Hause.

Im Wohnzimmer saß Mutti ganz still auf dem Sofa. Bastian fiel sofort auf, dass etwas nicht stimmte.
»Hast du vielleicht draußen Vatis Auto gesehen?«, fragte sie Bastian.
»Nein, warum?«, antwortete Bastian.
Mutti erklärte ihm, dass sie sich Sorgen machte, weil Vati eigentlich schon längst von der Arbeit zurück sein sollte. »So spät wie heute ist es noch nie geworden, hoffentlich ist nichts passiert ...«, seufzte sie.
Aber Bastian fiel ihr ins Wort: »Weißt du, ich hab auch ein Problem«, sagte er.
»Was denn?«, fragte Mutti gedankenverloren.
»Im Kindergarten ist ein Junge, der hat was mit mir gemacht«, erzählte Bastian.
»Was denn?«, fragte Mutti beunruhigt.
»Soll ich's dir zeigen?«, fragte Bastian. »Willst du es wirklich wissen?«, fragte er seine Mutter noch einmal.
»Ja, natürlich«, antwortete Mutti aufgeregt.
Da stürzte sich Bastian auf sie und kitzelte sie. Dabei musste Mutti sehr lachen, weil sie so kitzelig war. Natür-

lich versuchte sie auch davonzulaufen – Bastian hinterher. Mutti blieb schließlich nichts anders übrig als zurückzukitzeln.

Während sie über den Teppich rollten, ging die Tür auf und Vati kam herein. »Das freut mich aber, dass es euch so gut geht«, sagte er. »Ich musste länger arbeiten und hatte keine Zeit anzurufen. Aber ich bin froh, dass ihr euch keine Sorgen gemacht habt.«

Mutti lachte: »Das hab ich eben gerade von unserem Bastian gelernt.«

Bastian traute seinen Ohren nicht. Erstaunt fragte er: »Was hast du eben von mir gelernt?«

»Du weißt doch – deine Frage, was Erwachsene von euch Kindern lernen können.«

»Kitzeln?«, fragte Bastian.

»Etwas viel Besseres«, antwortete Mutti und gab erst Vati, dann Bastian einen dicken Kuss. »Von euch Kindern können wir lernen, uns nicht so viel Sorgen zu machen und uns am Leben zu freuen!«

»Uns am Leben zu freuen?«, wiederholte Bastian enttäuscht. »Das ist alles?«

»Ich bin froh, dass du mir heute wieder gezeigt hast, wie schön es ist, zu lachen!«, erklärte ihm Mutti.

»Aber wahrscheinlich musst du erst erwachsen werden, um das zu verstehen«, meinte Vati.

O nein!, dachte Bastian. Nicht schon wieder!

Ausflug in den Keller

Manchmal kann meine Mutter ganz schön streng sein. Das habe ich letzte Woche wieder gemerkt. Da waren wir nachmittags zusammen im Supermarkt zum Einkaufen. Ich gebe ja zu, dass ich ihr ganz schön auf die Nerven gegangen bin. Aber es hat so einen Riesenspaß gemacht, mit dem Einkaufswagen Autoscooter zu spielen und durch den Gang zwischen den Regalen zu düsen. Quietsch! Mit voller Kraft bremste ich direkt vor der Tiefkühltruhe. Ich kam mir vor wie einer der Rennfahrer im Fernsehen.
»Marc, stell sofort den Wagen hin!«, rief meine Mutter gereizt. »Das ist kein Spielzeug.«
Aber viel konnte sie im Moment nicht dagegen unternehmen, weil sie gerade an der Käsetheke bedient wurde. Also tat ich so, als hörte ich sie nicht, und bog in den Gang zwischen den Getränkekästen ab. Diesmal versuchte ich, den Einkaufswagen beim Starten vorne hochzuziehen, sodass er auf den Hinterrädern fuhr. Das habe ich im Fernsehen beim Motocross gesehen. Und wie im Fernsehen machte ich die entsprechenden Motorgeräusche dazu.
»Marc, gib mir sofort den Einkaufswagen«, schimpfte meine Mutter und kam mit energischen Schrittten auf mich zu. Dabei versuchte sie mir den Einkaufswagen abzunehmen.
»Nein, lass mich doch, lass mich doch!«, zeterte ich und klammerte mich mit aller Kraft fest.
»Hör mit dem Getue auf«, zischte sie mich mit einem bedrohlichen Unterton in der Stimme an.

Aber ich ließ den Griff des Einkaufswagens nicht los. »Lass mich doch fahren, lass mich doch spielen!«, rief ich so laut, dass es selbst die Kassiererinnen ganz vorne im Laden hörten.

Das mag Mama nämlich gar nicht, wenn ich vor allen Leuten so laut herumschreie. Lieber soll ich immer artig und brav sein. Aber wer ist das schon?

Also schrie ich. Mama zischte und kochte vor Wut. Ich zog an der einen, Mama zog an der anderen Seite des Einkaufswagens.

»Marc, lass los!«, rief Mama mit lauter Stimme.

Aber ich wollte nun erst recht nicht. Orangen, Dosen, Tomaten und Champignons kullerten quer durch unseren Einkaufswagen.

Schließlich zeigte sich, dass Mama doch die Stärkere von uns beiden war. Als ob sie nicht zu mir gehörte, fuhr sie mit dem Einkaufswagen alleine in Richtung Kasse davon.

Da ließ ich mich voller Zorn und Trotz heulend auf den Boden fallen. Frau Schwarz, eine Bekannte aus unserer Straße, kam auf mich zu und versuchte mich zu beruhigen – vergebens. Ich entschied mich weiterzuheulen. So wütend war ich.

Als ich mich beruhigt hatte und mit Mama auf dem Nachhauseweg war, merkte ich erst, wie wütend *sie* war. Dabei war sie äußerlich ganz ruhig. Aber die Luft um sie herum knisterte förmlich vor Spannung.

Aus taktischen Gründen entschied ich mich, ihr eine Einkaufstüte abnehmen zu wollen. Zwecklos. So legten wir wortlos die letzten Meter bis nach Hause zurück. Mama sperrte auf, wir gingen hinein, sie machte die Tür zu – und los ging das Donnerwetter.

Ich hätte mir ja denken können, dass mein Auftritt im Supermarkt Folgen haben würde. Aber dass Mamas Zorn sich vom lautstarken Donnerwetter zum wütenden Orkan steigern würde, das hatte ich nicht erwartet.

Ich glaube, so wütend hatte ich Mama noch nie zuvor gesehen. Und noch nie war ihr eine so strenge Strafe eingefallen: »In den Keller!«, rief sie außer sich. »Ab in den Keller, zur Strafe gehst du in den Keller.«

Und ehe ich mich versah, hatte sie mich am Kragen gepackt, sperrte den Keller auf und schubste mich hinein.

Das war unglaublich! Sie hatte mich in den Keller gesperrt! Mutti hatte ihren liebsten Marc in den Keller gesperrt, in den stockdunklen Keller!

Und wenn sie mich nicht mehr herausließ? Wenn ich hier verhungern musste und Mäuse an mir herumknabberten?

Ich musste etwas unternehmen. Aber was? Mir fiel nichts ein. Ich versuchte es mit Schreien: »Mama, lass mich raus! Bitte, Mama!«, rief ich. Es hallte durch den dunklen Kellergang. Aber niemand antwortete. Hoffentlich ist sie nicht weggegangen, dachte ich und bekam es langsam mit der Angst zu tun.

Ich wusste, dass ich sie ganz schön wütend gemacht hatte. Aber dass sie mir solche Angst einjagte, das war gemein. Ich bekam große Lust, mich am Ende der Kellertreppe auf den Boden zu legen. Wenn sie dann wieder aufschloss und herunterkam, würde sie denken, ich sei die Kellertreppe hinuntergefallen und schwer verletzt.

Das war eine sehr verlockende Idee! Dann würde sie mal sehen, wie es ist, wenn man anderen Angst macht, dachte ich.

Ich legte mich an die Kellertreppe und schloss die Augen. Eine Minute verging.
So gut ist diese Idee auch nicht, dachte ich.
Denn eigentlich hatte ich Mama doch viel zu lieb, um ihr Angst zu machen. Ach, wie sehr wünschte ich mir, wir würden uns wieder vertragen! Und wie Leid tat es mir, dass ich Mama so geärgert hatte!
Ich stieg wieder die Treppe hinauf zur Kellertür hoch und lauschte. Nichts. Dann schaute ich durchs Schlüsselloch. Niemand zu sehen. Ob sie weggegangen war? Langsam kamen mir die Tränen. Ich fühlte mich so allein. »Mama«, rief ich, »Mama ...«
Da hörte ich Geräusche. Ja, es kam jemand an die Tür. Jemand schloss die Kellertür auf.
Wie freute ich mich, als Mama die Tür öffnete! Mama hatte anscheinend auch geweint. Aber jetzt lächelte sie wieder, als sie mich in die Arme nahm. »Marc, ich wollte dir keine Angst einjagen, aber du hast mich zur Weißglut getrieben.«
»Und ich«, schluchzte ich halb, »ich wollte dich nicht so ärgern«.
Oh, wie schön war es doch, sich mit Mama wieder zu vertragen.
Mama und ich sprachen nie mehr über meinen Auftritt im Supermarkt und meinen Ausflug in den Keller. Ich nahm mir vor, Mama nie mehr so zu ärgern. Aber vorsorglich deponierte ich schon einmal meine kleine Taschenlampe unter der Kellertreppe.
Nur für den Fall, dass es mit meinem guten Vorsatz doch nicht klappen sollte ...

Die Königin der Tiere

Eines Tages ging es im Reich der Tiere wieder einmal besonders laut und turbulent zu. Die jungen Füchse hatten angefangen. Sie hatten sich darum gestritten, wer der Stärkste sei. Und mir nichts, dir nichts waren sich die anderen Tiere über genau dieselbe Frage in die Haare geraten.

Die Gänse schnatterten schon seit Stunden durcheinander, und die Krähen stritten sich ums Futter, dass die Federn flogen.

»So kann's nicht weitergehen«, schüttelte die alte Eule den Kopf. »Seit unser König, der Bär, nicht mehr lebt, wird es immer lauter hier im Reich der Tiere.«

Dabei schaute sie von hoch oben in ihrer Tanne dem Treiben der Tiere zu. Sogar die Bärenkinder wollten nicht mehr aufhören zu zanken und zu streiten.

Nach langem Überlegen fasste die Eule ihren Beschluss: »Wir brauchen einen neuen König.«

Aufgeregt erzählten es die Krähen den Elstern, die Elstern den Hasen, die Hasen den Hühnern, die Hühner den Gänsen: »Wir brauchen einen neuen König, wir brauchen einen neuen König!«

Als das die Füchse hörten, rauften sie noch heftiger, und auch die Bärenkinder stritten noch viel lauter als vorher darüber, wer wohl der Stärkste von ihnen sei.

Aber wieder schüttelte die alte Eule den Kopf: »Nein, nein, hört doch mit dem Krach und dem Gezeter auf! Wir brauchen keinen fuchsteufelswilden Hitzeblitz oder Bärenprotz – was wir brauchen, das ist ein König des Friedens.«

Da guckten die Tiere sie groß an.
Und einer erzählte es dem anderen: »Wir brauchen einen König des Friedens!«

Das hörte auch die weiße Taube. Da flog sie los zu den Krähen, zu den Elstern, zu den Hasen, zu den Hühnern und zu den Gänsen. Und dabei wünschte sich die weiße Taube von ganzem Herzen, dass bald alle Tiere in Frieden miteinander leben würden. Ruhig und bedächtig erzählte sie es jedem Tier: »Wir brauchen einen König, einen König, der uns Frieden bringt.«
»Wie geht denn das, was macht denn so ein König des Friedens?«, fragten die Hühner.
»Ich denke«, sagte die Taube, »ein König des Friedens hilft uns allen, friedlicher zu sein ...«
»Wie geht denn das?«, schnatterten die Gänse durcheinander.
»Ich denke, wenn der eine nicht stärker oder besser sein will als der andere, dann sind wir schon ganz schön friedlich«, sagte die Taube.
»Du Angeberin«, gackerte das Huhn, »das wussten wir doch schon lange.«
Da verabschiedete sich die Taube und flog weiter. Ein bisschen traurig war sie schon, dass die Gänse und Hühner sie nicht so recht verstanden hatten.

Und sie flog weiter zu den Rebhühnern, zum Dachs und auch zu den zerrauften Bärenkindern. Und jedem Tier – auch den kleinen Raupen und Käfern und Schmetterlingen – erzählte sie das Gleiche: Sie erzählte ihnen vom Frieden und dass kein Tier damit angeben müsse, dass es besser oder größer als ein anderes sei.

»Jedes Tier ist wundervoll«, erklärte die Taube voller Ruhe und Geduld.

Und weil sie so eine sanfte Stimme hatte, da hörten zum Schluss sogar die oberfrechen Füchse zu. Und einer nach dem anderen begann zu begreifen.

Die graue Gans hörte auf, lauter schnattern zu wollen als die weiße. Die Elstern hörten auf, den anderen Tieren die Eier zu stehlen, und die Bärenkinder hörten auf zu raufen. Jetzt spielten sie nur noch »kleines Bärenknuffen«, ohne sich wehzutun.

Die Taube verbreitete weiter ihre Nachricht vom Frieden, und immer wenn sie übers Land flog wünschte sie sich ganz fest, dass alle Tiere dieses Landes in Frieden miteinander lebten.

Und als sie nach langer Zeit zu der Versammlung der ältesten und weisesten Tiere kam, um bei der Wahl des Königs des Friedens zuzuschauen, da hatte sich ihr Traum fast erfüllt.

Der Fuchs saß friedlich neben der Gans, die Krähe auf der Schulter des alten Hasenopas, und sogar die Bärenkinder hörten ganz gespannt zu, als die alte Eule feierlich verkündete: »Liebe Tiere, ich bin ganz gerührt, mir kommen fast die Tränen vor Freude, dass wir endlich so ruhig und friedlich zusammensitzen. Ich finde, derjenige soll unser König des Friedens sein, der uns dabei am meisten geholfen hat ...«

Diesmal drängte sich niemand vor, die Gänse schnatterten nicht wie sonst wild durcheinander, nein: Alle schauten mucksmäuschenstill zu einem Tier – zu der weißen Taube!

»Und deswegen schlage ich vor, dich, liebe Taube, zu unserer Königin des Friedens zu ernennen«, rief die Eule.
Da jubelten die Tiere voller Freude durcheinander, die Gänse schnatterten, die Hasen schlugen Purzelbäume und die Bärenkinder tanzten singend im Kreis.
Die weiße Taube war ganz sprachlos. Und glücklich – so ein frohes und friedliches Miteinander hatte sie sich doch immer gewünscht! Und so blieb es auch sehr, sehr lange Zeit. Die Tiere waren froh, dass sie eine Königin des Friedens gefunden hatten.
Und die Taube wünschte sich, dass die Tiere irgendwann einmal überhaupt keinen König mehr brauchen würden, weil jedes verstand, dass es einzigartig ist.

Wiedersehen mit Papa

Tom, ein Junge aus meiner Klasse, hat kürzlich geprahlt: »Das Beste, was einem passieren kann, ist dass sich die Eltern scheiden lassen. Weil sich dann beide zum ersten Mal richtig um dich bemühen. Da stehst du voll im Mittelpunkt.«

Da kann ich nur sagen: So ein Quatsch! Bei mir jedenfalls hat das nicht geklappt mit dem Mittelpunkt. Ich habe meinen Papa seit drei Monaten nicht gesehen. Und das alles nur wegen dem ganzen Hickhack zwischen meinen Eltern.

Heute aber habe ich mich entschlossen, Papa anzurufen. Einfach so, nach drei Monaten »Sendepause« habe ich angerufen und gefragt, ob wir mal zusammen etwas unternehmen können – Fußball spielen oder so. Der hat sich vielleicht gefreut!

Aber am besten erzähle ich alles von Anfang an.

Weil meine Eltern sich immer öfter zankten, wurde es immer ungemütlicher zu Hause. Und weil es immer ungemütlicher und die dicke Luft immer dicker wurde, zog Papa eines Tages aus. Mit Koffern, Bett und allem was dazugehört.

Und ich war sauer, weil ich jetzt jeden Samstag den Hof kehren, die Einkaufstüten schleppen und den Rasen mähen musste. Das hatte bisher Papa gemacht. Aber Papa wohnte jetzt in seiner eigenen Wohnung.

Ich hatte in der ersten Zeit auch alle Hände voll zu tun, Mama aufzuheitern. Am Anfang klappte es ja noch ganz gut, wenn ich sie mit der »Hasen-Grimasse« überraschte oder auf allen Vieren die Treppe hinaufhoppelte. Aber mit der Zeit musste ich mir immer bessere Sachen einfallen lassen, um sie zu überraschen.

Dann überraschte Mama mich: mit dem Beschluss, dass ich von jetzt an alle 14 Tage ein Wochenende bei Papa verbringen sollte. Das kann ja heiter werden, dachte ich, als ich mit meinem kleinen Köfferchen und meinem Stofftier Zottel vor der Garage stand und wartete.

Erst wusste ich nicht so recht, was ich mit Papa anfangen sollte. Dann schlug er vor, zusammen etwas zu kochen. »Kochen?«, fragte ich entgeistert. »Das hat doch immer Mama gemacht ...«

»Das kriegen wir schon hin«, grinste Papa und gab mir eine Schürze. Ich musste die Kohlrabi, die Kartoffeln und das ganze Biogemüse abwaschen, mit kaltem Wasser, iiih! Aber der Gemüseeintopf hat dann doch prima geschmeckt.

Und jetzt, hab ich gedacht, jetzt werde ich so richtig verwöhnt, nachdem Papa mich zwei Wochen nicht gesehen hat! Aber daraus wurde nichts. Stattdessen durfte ich mich beim Abwasch und beim Geschirraufräumen beteiligen. Das passte mir gar nicht.

Also fing ich an, Papa davon vorzuschwärmen wie gut es mir bei Mama ging. »Mama ist soo gut zu mir«, versuchte ich ihn anzuspornen. »Letzte Woche hat sie mir zwei neue CDs geschenkt, mit echt toller Musik drauf!«

»Musik – gute Idee«, meinte Papa begeistert. »Komm, Henrik, ich spiel dir was auf der Mundharmonika vor.«

Auch das noch! Ich verzog das Gesicht. Papa kann ungefähr so gut Mundharmonika spielen wie ein Walross Trompete. Das weiß er aber nicht, und so quietschte er auch jetzt fröhlich darauf herum.

Am Abend kam Papas neue Freundin. Ich musste noch einmal beim Kochen helfen. Die Freundin gefiel mir zwar ganz gut, aber das ließ ich mir nicht anmerken.

Als ich wieder zurück bei Mama war, hatte sie zuerst wenig Zeit für mich, weil sie jetzt einen »Nebenjob« hatte. Sie bemalte Engelchen und Figuren, die eine Freundin auf dem Weihnachtsmarkt verkaufen wollte. Aber als ich ihr von Papas neuer Freundin erzählte und dass die »soo lieb zu mir« sei und »soo gute Sachen kocht«, hatte Mama prompt noch etwas Besseres zu bieten: Sie ließ die Engelchen auf dem Tisch liegen und ging mit mir in die Pizzeria.
Ich war sehr zufrieden: Nun hatte ich Mama ganz für mich allein. Und natürlich fragte sie mich über Papa und seine Freundin aus. Ich erzählte wie ein Wasserfall. Wo mir nichts einfiel, half ich mit meiner Fantasie nach. Es war herrlich. Mama und ich waren zwei Stunden ganz für uns.

Das nächste Mal brachte mich Mama selbst zu Papa. Wieder hatte ich Zottel im Arm, mein Köfferchen in der Hand und tat so, als ob mir die Trennung von Mama gar nichts ausmachte. Dabei war ich in Wirklichkeit ganz schön wütend. Das bekam Papa ab. Der war schließlich an dem ganzen Hin und Her Schuld.
Ich meckerte über den Spazierweg, der zu matschig war, über den Besuch in der Bibliothek, der zu langweilig war. »Bei Mama darf ich auch viel länger fernsehen, da darf ich abends den ersten Hauptfilm bis zu Ende gucken«, nörgelte ich, als Papa mich ins Bett schickte. Aber Papa ließ sich nicht umstimmen.

Bei Papa war eben alles ein wenig anders. Zum Frühstück saßen wir auf Hockern an seiner so genannten Küchenbar. Statt Marmeladebrot gab es Müsli. Aber bevor ich mich an diesen neuen Stil gewöhnen konnte, ging's wieder zurück zu Mama.

Samstags durfte ich bei Mama länger aufbleiben als sonst. Wir aßen einen Berg Puffreis und lachten über einen komischen dressierten Hund im Fernsehen. Und irgendwann schlief ich auf Mamas Schoß ein.

Am nächsten Morgen beschloss ich, immer bei Mama zu bleiben. »Ich will immer bei dir bleiben!«, erklärte ich meiner Mutter. »Das ständige Hin und Her macht mich ganz fertig«, jammerte ich.

Das gefiel ihr. Sie wollte nämlich auch, dass ich ganz bei ihr blieb. »Mein armer Junge«, sagte Mama und nahm mich in den Arm.

Später gingen wir dann ein Mal pro Woche zusammen zum Kinderpsychologen. Das war immer ein prima Ausflug. Hinterher gab es Eis, oder wir gingen ins Kino. Zu Papa musste ich vorerst nicht mehr. Mutti hatte nämlich einen Papierkramstreit mit ihm angefangen. Und deswegen haben wir uns eine ganze Zeit nicht gesehen.

Aber mit der Zeit fehlte er mir ganz schön – mein Papa. Mit der Zeit habe ich richtig Lust gekriegt, wieder mal mit Papa über die Wiesen zu laufen, am Sportplatz Drachen steigen zu lassen – oder sogar etwas zusammen zu kochen. Selbst über sein Mundharmonikaspiel wäre ich froh gewesen.

Und jetzt steht Papa vor mir. Ich habe ihn einfach angerufen und gefragt, ob er mit mir zum Fußballspielen geht. Und prompt ist er gekommen.

So einen prima Papa hab ich.

Die beste Mama der Welt

So lange Nico denken konnte, war er ein lieber Junge gewesen. Eigentlich war er immer der liebste Junge überhaupt gewesen. Nico konnte sich an nichts anderes erinnern. Und auch mit seiner Mama war der kleine Nico, so weit er zurückdenken konnte, zufrieden. Bis heute.
Bis heute machte Mama den besten Kartoffelbrei weit und breit. Sie spielte fast jeden Nachmittag mit Nico, mal Burgbauen, mal Federball, mal einfach kickern und Blödsinn machen. Wenn Nico mal was angestellt hatte, war Mama fast nie sauer. Und wenn Nico sich abends zu ihr aufs Sofa kuschelte, fühlte er sich wie das glücklichste Kind der Welt.
Aber heute wurde Nico stutzig. Bevor es Mittagessen gab, sollte er seine Spielsachen aufräumen! So oft er auch beteuerte, dass er lieber beim Kochen half, Mama blieb eisern: Erst die Spielsachen aufräumen!
Dafür ließ Nico beim Mittagessen sogar den Kartoffelbrei stehen.

Und am Nachmittag wollte Mama tatsächlich lieber in Ruhe ein Buch lesen, als mit Nico eine Bauklötzchenburg zu bauen. So sehr Nico jammerte und tobte, es half nichts: Mama wollte lieber ein Buch lesen!
Und am Abend kam der Knüller. Mama wollte wieder arbeiten gehen. Sie wollte Nico alleine lassen! Gut, Nicos Schwester war noch da, aber die zählte nicht. Mama wollte Nico alleine lassen! Alleine! Das war unglaublich. Und hatte Mama nicht immer genug Arbeit gehabt?

Wäsche waschen, Kartoffelbrei kochen, vorlesen, im Garten herumtollen, mit Nico auf dem Sofa kuscheln ...
An diesem Tag beschloss Nico, sich eine neue Mama zu suchen. »Ich suche mir die beste Mama der Welt«, sagte er zu seinem besten Freund, dem Stoffhund Egon.

Am Ende ihres ersten Arbeitstages kam Mama ganz stolz nach Hause. Alle im Büro hatten sie gelobt.
Dafür war Nico umso wütender. Niemand hatte *ihn* gelobt, und alleine mit seiner großen Schwester machte der Nachmittag viel weniger Spaß. Um Mama zu ärgern ließ Nico die Fernbedienung vom Fernseher ins Goldfischglas fallen. Jetzt gab es auch noch einen Riesenkrach dazu. Zum ersten Mal war Mama richtig böse auf ihn.

Für Nico war der Tag gelaufen. Beinahe wären ihm schon beim Gutenachtkuss die Tränen gekommen. Dafür weinte er jetzt im Bett. Warum ist der Mama ihr doofes Büro wichtiger als ich?, dachte er und schlief voll Verzweiflung ein.

Am nächsten Tag beschloss Nico, die Nachbarsfrau als Mama zu testen. Missmutig spielte er mit Lara, dem Nachbarskind, während Laras Mutter für sie kochte. Aber was war denn das? Sie kochte ja lauter Sachen aus der Tiefkühltruhe! Kein Kartoffelbrei, kein Herumalbern. Nein, das hatte Nico sich anders vorgestellt.

Zum Glück gab es da noch seinen Freund Dennis. Der hatte eine tolle Mama! Sie hatte Dennis ein eigenes Spielzimmer im Keller eingerichtet, in dem Dennis tun und lassen durfte, was er wollte. Er hatte sogar einen eigenen Fernseher.
Aber Dennis schien darüber gar nicht froh zu sein. Denn seine Mama hatte vor lauter Tennisspielen, Bauchtanzkursen und Yoga-Wochenenden ganz wenig Zeit für ihn. Eigentlich hat die Mama von Dennis noch viel weniger Zeit für ihn als meine Mama für mich, dachte Nico und trottete langsam zum Abendessen nach Hause.
Er dachte daran, dass Dennis' Mama kein einziges Mal mit ihnen gekickert hatte. Nicht mal richtig gelacht hatten sie. Wie gerne würde er wieder richtig kickern und Blödsinn machen – mit *seiner* Mama. Wie gerne würde er wieder Mamas guten Kartoffelbrei essen und mit ihr auf dem Sofa kuscheln …

Nico beschloss, sich keine neue Mama zu suchen.

Aber als er nach Hause kam, da war die Mama noch gar nicht da. Sie machte Überstunden. Papa hatte ein paar Brote gemacht und musste auch noch einmal weg.

Jetzt war Nico mit seiner älteren Schwester allein zu Hause. Es war das erste Mal, dass Nico ohne Mamas Gutenachtkuss zu Bett ging.

Er lag im Bett, hatte seinen zotteligen Stoffhund fest an sich gedrückt und betete zum lieben Gott, dass die Mama bald wieder nach Hause käme. Nie, nie mehr wollte er sich eine andere als seine eigene Mama wünschen. Er nahm sich auch vor, seine Spielsachen besser aufzuräumen und nicht mehr so bockig zu sein.

Dann schlief Nico ein und träumte von dem großen Tierpark, in dem er mit Papa und Mama gewesen war, von den großen weißen Vögeln und den lustigen Äffchen, denen er die Zunge herausstreckte ...

Irgendwann spürte Nico, wie ihn etwas Sanftes streichelte. War es ein Traum oder Wirklichkeit?

Mama saß neben Nicos Bett und streichelte ihm über den Kopf. Da war Nico wieder das glücklichste Kind der Welt.

Und als Mama ihrem Nico einen Gutenachtkuss gab, flüsterte er ihr ins Ohr: »Du bist die beste Mama der Welt!«

Carla und Pauline

Carla hatte sich so auf den Nachmittag gefreut. Sie wollte sich mit ihren Freunden an der Burgruine treffen. Das war zwar »verboten wegen Einsturzgefahr«, aber die Burgruine war einfach der tollste Abenteuerspielplatz in der ganzen Umgebung.
Und jetzt sagte ihre Mutter, sie müsse schon wieder ihre kleine Schwester mitnehmen. Dabei verfolgte Pauline, die erst sechs Jahre alt war, Carla sowieso schon auf Schritt und Tritt. Carlas Freunde fingen schon an, sich über sie lustig zu machen.
Ja, sicherlich würde Pauline Carla wieder den ganzen Nachmittag verderben. Aber Carla wollte sich den Nachmittag nicht verderben lassen. Und sie hatte auch schon einen Plan.
Ohne sich ihren Ärger anmerken zu lassen, nahm sie ihre kleine Schwester an der Hand und machte sich auf den Weg zur Burgruine. Unterwegs schärfte sie ihr ein: »Ich bringe dich jetzt zum Spielplatz, und da bleibst du, bis ich wiederkomme, verstanden?«
Folgsam nickte Pauline, obwohl sie nicht im Traum daran dachte, dieser Anweisung zu folgen. Sie machte sich nämlich einen Spaß daraus, Carla heimlich zu verfolgen, und sie wusste auch ganz genau, wohin Carla heute ohne sie gehen wollte.

Carla ließ Pauline am Spielplatz zurück und lief schnell zur Burgruine. »Ulrike, Jens! Seid ihr da?«, rief sie. Aber sie bekam keine Antwort. Nur ihre Stimme hallte unheimlich von den alten Mauern wider.

Noch nie war Carla allein in der verbotenen Burgruine gewesen, und bei dem Gedanken wurde es ihr ein wenig mulmig. Trotzdem ging sie mutig hinein. Es konnte doch sein, dass sich ihre Freunde nur versteckt hatten, um sie auf die Probe zu stellen! Nun, sie würde ihnen schon zeigen, dass sie kein Feigling war.
Vorsichtig begann sie die verfallene alte Treppe hinauf zu steigen. Da – was war das? Plötzlich hörte sie draußen ein Geräusch. Erschrocken drehte Carla sich um. Dabei verlor sie den Halt, rutschte auf dem herumliegenden Geröll aus und fiel mit Gepolter die Treppe hinunter.
»Aua! Au!« Stöhnend betastete Carla ihren Kopf, an dem sie bestimmt eine große Beule bekommen würde. Tapfer schluckte sie ihre Tränen hinunter. Erst als sie aufstehen wollte, merkte sie, dass auch ihr Fuß furchtbar wehtat. Er tat so weh, dass sie nicht einmal aufstehen konnte. Da bekam Carla es wirklich mit der Angst zu tun. »Hilfe!«, schrie sie laut. »Helft mir bitte!«
Draußen hörte Pauline, die sich gerade in bester Indianerart anschlich, die Schreie ihrer Schwester. Oje, da ist was passiert!, dachte sie und lief hinein, um nachzusehen.
Da war Carla aber froh, als sie ihre Schwester sah. Pauline wollte Carla auch gleich beim Aufstehen helfen. Aber so sehr sich die beiden Mädchen auch anstrengten, es gelang ihnen nicht. »Ich glaube, du musst Vati holen«, sagte Carla und begann jetzt doch zu weinen.

Pauline rannte nach Hause, so schnell sie konnte, und war bald mit Vati zurück. Der trug Carla auf seinen Armen nach Hause und fuhr sie mit dem Auto zu Dr. Schmitt.

Später gab es noch ein bisschen Ärger, weil die beiden Mädchen genau wussten, dass sie nicht in der Burgruine spielen durften. Aber die Eltern waren doch froh, dass außer einem verstauchten Knöchel nichts Schlimmes passiert war.
Und außerdem waren alle mächtig stolz auf Pauline. Sogar Carla war richtig froh darüber, dass sie so eine tolle kleine Schwester hatte. Und sie nahm sich vor, in Zukunft zu Pauline zu halten, wenn ihre Freunde sich wieder über sie lustig machen sollten.

Der Tag der Häuptlinge

So ein Zeltlager ist schon eine feine Sache, ein richtiges Abenteuer. Natürlich waren alle Schüler der Klasse 2a ganz schön aufgeregt, als sie in den Bus stiegen. Alle erschienen voll bepackt mit Rucksack, Zelten und Schlafsäcken. Zum Abschied gab's noch die Extraportion Proviant von Mutti oder den letzten guten Pfadfindertipp von Vati. Dann stiegen alle in den Bus und unter lautem Gejohle und Gekreische ging's los in Richtung Fichtelgebirge.

An einem kleinen Waldsee fand das dreitägige Zeltlager statt. Matthias Eisert, Spitzname Matze, war ohnehin schon ein ruhiger, eher schüchterner Schüler. Er sah dem ganzen Trubel mit gemischten Gefühlen entgegen. Denn er wusste, dass bei einer solchen Gelegenheit die Stärkeren meist noch viel mehr Gelegenheiten fanden, die Kleineren zu ärgern.

Aber zum Glück hatte Lehrer Kinzel gleich beim Aufbau der Zelte energisch verkündet, dass er keine Gemeinheiten oder Wichtigtuereien der Größeren duldete.

»Na, hoffentlich bleibt das so«, sagte Matze zu Pit, den er sich als seinen Zeltpartner ausgewählt hatte.

Und es blieb wirklich so. Die Größeren tobten sich mit wilden Wasserballspielen im See aus. Die Kleineren machten eine Paddeltour vom nahe gelegenen Bootsverleih aus. »Ein herrlicher See ist das«, schwärmte Pit, der mit Matze und zwei anderen wie die Indianer durch das ruhige blaugrüne Wasser paddelte. Am Abend saßen dann alle ums Lagerfeuer, aßen Maiskolben und Kartoffeln, die sie im Feuer geröstet hatten.

»Morgen machen wir einen Indiander-Wettbewerb«, verkündete Lehrer Kinzel.
Matze befürchtete, dass er bei allen Disziplinen wieder Letzter werden würde. »Können wir denn nicht wieder eine Paddeltour machen?«, schlug er vor. Aber Lehrer Kinzel hatte schon alles geplant. »Für alle«, wie er betonte, »für alle wird es ein herrlicher Indianertag – der Tag der Häuptlinge.«
Die Klasse johlte und stieß Indianderschreie aus, und Matze nahm sich fest vor sein Bestes zu geben. »Das kann ja heiter werden. Der Tag der Häuptlinge!«, sagte Pit zu seinem Freund.

Und am nächsten Morgen ging es wirklich heiter los. Matze und Pit wurden durch das Gelächter der anderen draußen geweckt. Neugierig spähten sie aus dem Zelt. Das war vielleicht ein lustiger Anblick: Lehrer Kinzel rannte über den Zeltplatz und verschwand in seinem Zelt – splitternackt! Einige Jungen hatten dem Lehrer einen Streich gespielt und ihm, während er duschte, seine Kleider versteckt. Aber Lehrer Kinzel nahm die Sache locker und gelassen. »Dafür müsst ihr heute Abend über die Holzkohlenglut laufen – mit nackten Füßen«, scherzte er.
Die Indianer-Wettbewerbe fingen mit Klettern an. Wer konnte am schnellsten an einer hohen Kletterstange hochklettern? Matze strengte sich an und prustete wie ein Nilpferd. Aber Pit und er landeten auf den hinteren Plätzen. Sven wurde als bester Kletterer zum »Häuptling Starker Arm« ernannt.
Beim Weitsprung gewann Dieter den Titel »Häuptling Weiter Springer«. Aber das war ihm nicht fetzig genug.

Er bat Lehrer Kinzel, einen besseren Häuptlingsnamen zu finden. Matze wäre froh gewesen, er hätte überhaupt eine Chance auf einen Titel. Aber die Spiele gingen weiter. Dieter war mit dem neuen Titel »Häuptling Fliegende Antilope« zufrieden und rannte den Rest des Tages wie eine Antilope herum.

Beim Tauziehen gelang es Matze sogar, Pit über den Mittelstrich zu ziehen, und beim Paddeln malte er sich seine besten Chancen aus. Ja, das war seine Spezialdisziplin. Er legte sich ins Zeug. Er paddelte, was er konnte. Es war ihm egal, wie sehr das Wasser spritzte und dass er klitschnass wurde. Aber diesmal war sein Freund Pit der Gewinner – und wurde zum »Häuptling Schneller Otter« gewählt. Immerhin – Matze war Zweiter geworden. Das war ja schon ein Lichtblick. »Tut mir Leid«, sagte Pit, »aber du kriegst bestimmt auch noch deinen Häuptlingsnamen.«

Da war sich Matze sicher. Und das war für ihn die Hauptsache. Die Indianerspiele gingen weiter: Schwimmen, Kopfsprung ins Wasser, Rennen über Baumstamm-Hindernisse, Klimmzüge. Aber in jeder Disziplin gab es jemanden, der besser war als Matze. »Nicht aufgeben«, sagte Lehrer Kinzel zu Matze, der sich immer noch anstrengte.

»Heute Abend gibt es noch eine Überraschungsprüfung«, verkündete der Lehrer später. »Bei dieser Prüfung gebe ich die Aufgabe vorher nicht bekannt.«

»Wie soll denn das gehen?« fragte Dieter bzw. Häuptling Fliegende Antilope.

»Mach dir darüber keine Gedanken. Ich beobachte euch und finde den Häuptling dann schon,« antwortete der Lehrer.

Diese geheimnisvolle Rede spornte die ganze Klasse noch mehr an. Bis zum Umfallen machten sie Wettläufe, Indiandertänze und Ringkämpfe und hofften, Lehrer Kinzel würde einen von ihnen zum »Häuptling Starker Büffel« oder Ähnlichem wählen.

Nachdem es dunkel geworden war, saßen alle wie am Vorabend ums Lagerfeuer, quatschten und schnatterten durcheinander.

Matze hörte ihnen zu. Plötzlich schreckte er hoch. »Da ist jemand an unserem Proviantzelt«, rief er.

Die anderen lachten ihn aus: »Du hörst wohl Gespenster. Häuptling Dickes Gespenst!«

Aber Matze war sich ganz sicher. Obwohl ihm Dunkelheit normalerweise nicht so geheuer war, ging er los – alleine – in Richtung Proviantzelt. Vorsichtig schlich er sich die letzten Meter an. Es war stockdunkel. Aber Matze hatte schon immer einen guten Orientierungssinn. Ohne das leiseste Geräusch zu verursachen, pirschte er sich heran. Dicht neben dem Zelt sah er einen Schatten. Da macht sich doch wirklich jemand zu schaffen, dachte er und versuchte dabei, die Angst gar nicht erst hochkommen zu lassen. Schlimmer wäre noch, jetzt die anderen zu rufen und dann möglicherweise einen Igel zu entdecken, der hier herumtapste!

Also blieb Matze nicht anderes übrig, als dem Geräusch auf eigene Faust nachzuspüren. Sein Herz klopfte bis zum Hals, als er von hinten um die Zeltplane des großen Proviantzeltes herumspähte.

In dem Moment blendete ihn eine Taschenlampe. Mitten in sein Gesicht war sie gerichtet. »He, was soll das?«, schrie Matze voller Schreck.

»Ich bin's«, hörte er da die Stimme von Lehrer Kinzel.

Und der Schein der Taschenlampe wanderte von seinem Gesicht zum Wäldchen, aus dem die anderen jetzt angerannt kamen.

»Da seht ihr mal, wie leicht euch jemand eure Vorräte wegschnappen könnte«, rief Lehrer Kinzel und fügte mit besonderer Betonung hinzu: »Wenn ihr nicht so einen tapferen, mutigen Indianer unter euch hättet.« Dabei deutete der Strahl der Taschenlampe auf Matze. »Ich habe euch auf die Probe gestellt und der Einzige, der mich bemerkt hat, war Matthias«, erklärte der Lehrer.

All die Anspannung fiel jetzt von Matze ab. Er war richtig überrascht von seinem eigenen Mut. Und er war zum ersten Mal heute so richtig stolz auf sich.

»Ja, das war wirklich ganz schön mutig«, gab Häuptling Fliegende Antilope zu. Die anderen klatschten Beifall. Matze fühlte sich wie ein König. Wie ein Indianerkönig. Und wurde dann auch zum »Häuptling Mutiger Luchs« gewählt.

»Jeder schafft es auf seine Art«, meinte Matze zu Pit, auch bekannt als Häuptling Schneller Otter. »Aber ich hab auch immer gewusst, dass ich es schaffen kann«, fügte er hinzu und setzte sich mit all den anderen wieder ans Lagerfeuer. Ja, seit diesem Indianer-Wettbewerb wusste Matze, dass er alles schaffen konnte …

Und wer macht dann die Arbeit?

Manchmal liege ich einfach gern auf dem Sofa und gucke Löcher in die Luft. So wie jetzt. Es kommt aber selten vor, dass ich das in Ruhe tun kann.
»Jan!«, ruft jemand laut aus dem Keller. Es ist Vatis Stimme. »Jan, bring mir mal die Holzkiste mit den Äpfeln 'runter!«
Am liebsten würde ich mir die Ohren zuhalten oder Vati sagen, er solle die Kiste selbst holen. Ich habe schließlich Wichtigeres zu tun. Ich träume nämlich gerade von einer Familie, in der alle glücklich sind.
»Jan!«, ruft Vati wesentlich lauter.

Manchmal würde ich am liebsten gar nichts hören, einfach nur träumen: von einem Leben ohne Eltern, ohne Erwachsene, die mir ständig sagen wollen, was ich zu tun habe. Das wäre toll!
Obwohl – irgendwann werde ich ja selber erwachsen sein. Und wer macht dann die Arbeit?
Plötzlich schrecke ich aus meinen Gedanken auf. Vati kommt die Treppenstufen hochgepoltert. Ich höre schon an seinem Schritt, dass er wütend ist.
»Ich komme ja schon«, rufe ich eilig, springe vom Sofa (damit er mich nicht liegen sieht) und renne zur Kellertreppe.
Vati kommt um die Ecke. Ich komme um dieselbe Ecke. Wumms, stoßen wir zusammen. Das haben wir jetzt davon. Dafür trägt er die Kiste mit den Äpfeln gleich selbst die Kellertreppe hinunter.
Wenn das so ist, kann ich ihm in Zukunft auch wieder antworten.

Pipikakifurzi

Eigentlich durfte Philipp abends nicht so lange aufbleiben und fernsehen. Aber heute waren seine Eltern mit Freunden zum Kegeln gegangen. Also machte es sich Philipp zusammen mit seiner älteren Schwester Petra zwischen einem Berg Sofakissen gemütlich und guckte Fernsehen, bis ihm die Augen flimmerten. Dazu knabberte er Kartoffelchips und trank Cola. Das durfte er sonst auch nicht, und deshalb wollte er alles bis zur letzten Minute auskosten.
Als seine Schwester zu Bett ging, blieb Philipp allein vor dem Fernseher sitzen. Er versprach bald nachzukommen. Aber daraus wurde nichts, denn Philipp schlief vor dem Fernseher ein.

Philipps Eltern staunten nicht schlecht, als sie ihren Sohn schlafend vor dem Fernseher entdeckten. Und als Papa Philipp ins Bett tragen wollte, da staunte er noch mehr: Die Sofakissen waren ganz nass! Ja, auch Philipps Hose war nass! Philipp hatte in die Hose gemacht! Philipp hatte Pipi in die Hose gemacht!
»Schäm dich!«, sagte Papa, als er Philipp eine neue Schlafhose anzog. Philipp wollte gern erklären, dass er nur zu viel Cola getrunken hatte, aber er hielt lieber seinen Mund. Papa war ärgerlich genug. Und nachdem Philipp eine trockene, kuschelige Schlafanzughose anhatte, schlief er auch gleich wieder ein.
Ein paar Wochen später war Philipp mit zwei Kindern aus der Nachbarschaft auf dem Spielplatz. Nach einer Weile merkte er, dass er aufs Klo musste. Aber auf dem

Spielplatz gab es kein Klo. Philipp rannte zu den hohen Fliederbüschen. Aber da konnte er sein Geschäft auch nicht erledigen, da spielten drei Kinder Indianer.
Langsam wurde es brenzlig. Philipp entschied sich, nach Hause zu rennen. Er lief wie eine Ente und drückte die Pobacken zusammen, aber es half nichts. Kurz bevor er zu Hause ankam, ging's in die Hose.
»Schäm dich!«, sagte seine Mutter, als sie Philipp auf der Toilette beim Ausziehen half. »Du bist doch schon so groß!«
»Kann das euch Großen denn nicht passieren?«, fragte Philipp kleinlaut.
Aber seine Mutter gab keine Antwort.

Schon zwei Tage später passierte Philipp beim Abendessen wieder ein »Missgeschick«. Alle ließen sich den Kartoffeleintopf schmecken, da ertönte plötzlich aus Philipps Richtung ein lauter Ton.
»Was war denn das?«, fragte Papa argwöhnisch.
»Philipp hat einen fahren lassen«, rief Petra und brüllte los vor Lachen.
»Aber Philipp ...!«, entrüstete sich Mama.
»Schäm dich!«, rief Papa und versuchte bei dem allgemeinen Gelächter ernst zu bleiben.
»Ich möchte wissen, warum ich mich jedes Mal schämen soll!«, sagte Philipp beim Geschirrabtrocknen zu seiner Schwester.
»Weil das immer so ist: Die Erwachsenen brauchen sich nicht zu schämen, wenn ihnen etwas Peinliches passiert. Nur wir Kinder müssen uns schämen«, belehrte sie ihn.

Philipp beschloss, in den nächsten Wochen einmal darauf zu achten. Und er stellte fest, dass Petra Recht hatte. Oma, so bekam Philipp mit, schaffte es auch manchmal nicht rechtzeitig bis zum Klo. Als Philipp ein »Paket« in der Hose hatte, sollte er sich schämen, aber bei Oma, »da ist das Alter schuld«, hörte er Opa sagen. Papa, dem beim Abendessen ein lauter Furz entwich, hatte auch eine Ausrede parat: »Das kommt von dem Sauerkraut heute Mittag.«
Zu Papa sagte niemand: Schäm dich! Mama meinte nur: »Aber Paul, doch nicht vor den Kindern ...!«
»Wenn es für die Erwachsenen nichts zu schämen gibt, brauche ich das auch nicht mehr«, sagte Philipp. Er stellte alle seine Stofftiere in eine Reihe und sah sie streng an. »Jetzt suche ich mir einfach einen von euch aus, und der ist in Zukunft an allem schuld.«

Es passierte ausgerechnet an Mamas Geburtstag. Als die ganze Verwandtschaft um die große Kaffeetafel saß, krachte ein altbekanntes Geräusch. Alle schauten auf Philipp.
Mama rief ärgerlich: »Was soll denn das, Philipp? Das gehört sich nicht!«
Aber Philipp unterbrach sie: »Das war ich nicht, das war mein Hund Pipikakifurzi. Der ist daran schuld!«
Dabei zog er blitzschnell unter seinem Stuhl seinen Stoffhund hervor und gab ihm einen Klaps auf den Po: »Schäm dich! Du bist doch schon groß. So was macht man doch nicht!«
Oma fing als Erste an zu lachen. Einer nach dem anderen stimmte ein, und bald lachte die ganze Runde.
Seit diesem Tag bekam Philipp keinen Ärger mehr, wenn einmal versehentlich etwas in die Hose ging.

Dieses Kind ist ein Glücksfall

Es gibt Kinder, die ihren Eltern zu frech, zu motzig, zu klein, in der Schule zu schlecht, zu laut, zu ungewaschen oder zu sonst wie sind. Für all diese Kinder hatte Professor Harxenparx ein Wundermittel erfunden: Ein giftgrünes Zaubermittel hatte er in seinem Labor hergestellt und füllte es in Tütchen ab.

»Das Tütchen nur zwei Mark! Probieren Sie Professor Harxenparx' Wundermittel, und Ihr Kind wird so wie Sie es möchten!«, rief der Marktschreier und weckte das Interesse von Frau Knerzbock. Die hatte eben erst – mitten auf dem Marktplatz – ihrem Sohn Timo den Hosenboden versohlen müssen, weil er immerzu an ihrem Ärmel zog und etwas gekauft haben wollte.

Und die erste Portion des Mittels wirkte prompt: Am nächsten Tag sah man Frau Knerzbock fröhlich mit ihrem Sohn über den Marktplatz spazieren.

»Mama, ich will noch einen Lutscher!«, rief Timo und zerrte an ihrem Ärmel.

Aber Frau Knerzbock ließ sich nicht aus der Ruhe bringen. Sie lobte den guten Geschmack ihres Sohnes, der sich den besten Himbeerlutscher ausgesucht hatte. Und auf einmal fiel ihr noch etwas anderes auf: »Wie stark du bist! Das ist mir noch nie aufgefallen. Du ziehst ja an meinem Arm wie ein Bär!«

Und ab dem nächsten Tag zog Timo ein kleines Einkaufswägelchen hinter sich her, wenn er mit Mama einkaufen ging. Er fühlte sich stark wie ein Bär. Wie der stärkste Bär, der jemals einen Einkaufswagen gezogen hatte.

Frau Knerzbock strahlte. Timo strahlte. Und ihm wurde nicht der Hintern versohlt.

»Das Tütchen zwei Mark! Probieren Sie Professor Harxenparx' Wundermittel, und Ihr Kind wird so wie Sie es möchten!«, hörten sie im Vorübergehen den Marktschreier rufen.
Es kann doch bestimmt nichts schaden, dachte Frau Knerzbock, wenn ich ihm noch eine Portion gebe.
Und schon hatte sie ein neues Tütchen gekauft.
Kurz: Das Mittel wirkte prompt. Am nächsten Tag hatte sich Frau Knerzbock wie verwandelt.
»Ich finde es prima, dass du dich so gut durchsetzen kannst«, lobte sie Timo, als er so lange mit den Füßen aufstampfte, bis sie ihn endlich seinen Lieblingspulli anziehen ließ.
Mit der Zeit sprach es sich überall herum, dass Professor Harxenparx' Wundermittel die wunderbarsten Kinder machte. Ja, dieses geheimnisvolle Mittel machte aus frechen, garstigen kleinen Nervensägen wundervolle liebe Kinder. Durch dieses Mittel wurden Kinderträume wahr.
»Was ist bloß das Geheimnis dieses Wundermittels?«, fragte Herr Knerzbock abends seine Frau, als er sah, wie liebevoll sie mit Timo umging. (Timo hatte sich sogar freiwillig vor dem Abendessen die Hände gewaschen.)
»Was ist das Geheimnis dieses Wundermittels?«, fragte auch die Nachbarin am nächsten Tag, als sie sah, wie Timo seiner Mutter beim Wäscheaufhängen half. (Timo hatte die Wäsche in sein Einkaufswägelchen gepackt und zog sie durch den Garten.)

»Ja, was ist das Geheimnis des Wundermittels?«, fragten alle.

Das Geheimnis von Professor Harxenparx' Wundermittel war ganz einfach. Auf der Rückseite des Tütchens stand die geheimnisvolle Gebrauchsanweisung:

»Bevor Sie Ihrem Kind von diesem Pulver geben, loben Sie es! Ja, loben Sie Ihr Kind – für irgendetwas. In jedem Augenblick gibt es etwas Gutes zu entdecken. In jedem Kind gibt es etwas Gutes zu entdecken. Ja, es ist ein Glücksfall, dass es Ihr Kind gibt ... dass es dieses Kind gibt. Ihr Kind ist ein Glücksfall.«

Und weiter stand in der geheimnisvollen Gebrauchsanweisung: »Was nützt es, dass Sie sich ärgern, dass Sie das Kind ausschimpfen? Nichts! Aber machen Sie das Experiment: Loben Sie Ihr Kind jedes Mal, bevor Sie ihm von dem Pulver geben. Das ist das ganze Geheimnis.«

Wie Recht doch Professor Harxenparx hatte: Jedes Kind ist ein Glücksfall. Es war auch ein Glück, dass es den Timo gab! Vor lauter Streiten und Meckern hatte Frau Knerzbock das in letzter Zeit ganz vergessen.

Jetzt nahm Frau Knerzbock ihren Sohn öfter liebevoll in den Arm. »Es ist schön, dass es dich gibt«, sagte sie zärtlich.

Timo strahlte übers ganze Gesicht. Wie schön seine Mutter das gesagt hatte! Wie schön, dass sie dieses Wundermittel gekauft hatte! Dabei dachte er: Komisch, eigentlich schmeckt es wie Waldmeisterbrause.

Wenn ich mal erwachsen bin

Vati und ich haben den ganzen Vormittag Äpfel eingekellert. Das war viel Arbeit und ich hatte auch keine große Lust dazu. Aber Vati hat versprochen, danach mit mir zusammen aus den alten Obstkisten eine Hütte zu bauen. Er will sogar die Wolldecke, die immer in seinem Auto liegt, als Hüttendach zur Verfügung stellen.
Wir fangen also an zu bauen, und ich glaube, es macht Vati genauso viel Spaß wie mir.
Aber leider dauert der Spaß nur so lange bis meine ältere Schwester Ann-Kathrin hinzukommt. Die weiß nämlich alles besser und will mir immer etwas zeigen. Ich hab schon gar keine Lust mehr, auch nur hinzugucken, wenn sie irgendetwas macht.
Und es kommt noch schöner. »Ann-Kathrin kann dir ja zeigen, wie's geht«, meint Vati schlau und lässt mich mit meiner Schwester und dem halb fertigen Obstkistenhäuschen alleine zurück.
Jetzt bin ich richtig wütend. Vati hatte mir schließlich versprochen, dass *er* die Hütte mit mir baut!
»Jan, wenn du die Decke an der Seite nimmst, können wir sie gemeinsam rüberwerfen«, belehrt Ann-Kathrin mich auch schon.
Oberschlau, denke ich. Nur weil ich kleiner bin, bin ich doch schließlich nicht doof.
»Schau mal, so können wir die Geschirrhandtücher als Vorhänge nehmen. Schau mal, so können wir die Holzbrettchen als Fußboden auslegen!«
Schau mal hinten, schau mal vorne! Trotzig sitze ich im halb fertigen Obstkistenhaus. Das hätte so eine schöne

Abenteuerhütte geben können. Jetzt macht Ann-Kathrin eine Art Puppenstube daraus. Auf meine Vorschläge, ein Schatzversteck und einen Ausguck anzulegen, geht sie – wie immer – nicht ein.

»Komm lieber 'raus, die Hütte wackelt schon. Wenn wir sie nicht abstützen, fällt sie gleich zusammen«, sage ich schließlich.

»Schau mal, hier können wir noch ein Fenster einbauen«, antwortet Ann-Kathrin stattdessen und zerrt an einer Kiste.

Da passiert's: Mit einem Riesengepolter kracht das ganze Kistenhaus zusammen. Zum Glück bin ich rechtzeitig draußen, und Ann-Kathrin auch. Es ist doch gut, dass die Kleinen nicht immer alles machen, was die Großen wollen.

Beim Mittagessen berichtet Vati ganz stolz, wie viele Äpfel wir eingekellert haben.

Eigentlich bin ich immer noch sauer. Trotzdem versuche ich einen Witz: »Wir sind wie Eichhörnchen, die ihren Wintervorrat ...«, rufe ich.

Aber noch bevor jemand über meinen lustigen Vergleich lachen kann, erzählt Mutti schon etwas anderes. Warum werden Kinder eigentlich so oft unterbrochen?

Manchmal hätte ich große Lust, eine Zeit lang überhaupt nicht mehr zu reden. Wahrscheinlich würde das aber sowieso niemandem auffallen, und deshalb brauche ich es wohl gar nicht zu versuchen.

Als Vati und Ann-Kathrin von unserem Obstkistenhaus erzählen, mische ich mich also wieder ins Gespräch: »Das nächste Mal können wir ja vielleicht ein Baumhaus ...«

Und wieder unterbricht mich Mutti mitten im Satz: »Wisst ihr eigentlich schon, dass die Langenfelds sich einen Gartenteich anlegen?«
Es macht wirklich keinen Spaß, der Kleinste in unserer Familie zu sein!
Aber eins habe ich mir vorgenommen: Wenn ich mal erwachsen bin, dann freue ich mich einfach daran, wenn alle fröhlich sind. Und wenn ich mal Kinder habe, bitte ich sie immer ganz höflich, mir zu helfen, wenn es etwas zu tun gibt. Wenn wir dann alles erledigt haben, darf jeder machen, wozu er Lust hat. Ich verspreche nichts, was ich nicht halten kann. Und wenn wir alle zusammensitzen, dann lassen die Großen die Kleinen ausreden und ich höre meinen Kindern gut zu.
Ja, so mache ich das, wenn ich mal erwachsen bin.

Inhalt

Schellekloppen	3
Bastian hat eine schwierige Frage	6
Ausflug in den Keller	12
Die Königin der Tiere	18
Wiedersehen mit Papa	22
Die beste Mama der Welt	27
Carla und Pauline	31
Der Tag der Häuptlinge	34
Und wer macht dann die Arbeit?	41
Pipikakifurzi	43
Dieses Kind ist ein Glücksfall	47
Wenn ich mal erwachsen bin	51

Die Deutsche Bibliothek – CIP-Einheitsaufnahme

Ein Titeldatensatz für diese Publikation
ist bei Der Deutschen Bibliothek erhältlich.

© 2000 Lahn-Verlag, Limburg – Kevelaer
Lektorat: Verlagsservice Anne Voorhoeve, Selters
Litho: SLC, Essen
Satz: Schröder Media, Dernbach
Druck und Bindung: GRAFO, S.A. Basauri
Printed in Spain
Abdruck, auch auszugsweise, nur mit Genehmigung des Verlags.

ISBN 3-7840-2720-2

1